AF143901

Mieux se connaître en

10 étapes

LAURENCE SMITS

Introduction

Si vous ne vous mettez pas en mots, ça se transforme en maux.

La vie est un grand défi.
Vivre votre vie l'est tout autant, sinon plus.
Evoluer peut être inconfortable. Mais, c'est nécessaire, surtout dans un monde en profonde et constante évolution.
Il est nécessaire d'avoir le courage de vous connaitre mieux pour changer de vie, pour choisir votre cap.

La mission principale de chacune et de chacun est de réinventer sa vie.
Comment fait-on pour que cela soit possible ?
Il faut avant tout vous donner du courage pour donner vie à vos talents, que vous refoulez depuis si longtemps.
Il faut avoir le courage de développer votre potentiel, de vivre de vos passions, d'écouter vos rêves et vivre de vos rêves.
C'est possible à qui veut l'entendre !
Dans la vie, on doit faire des choix, les assumer et en tirer des leçons pour mieux avancer.

Il est important aussi de faire la paix avec votre passé. C'est le meilleur moyen de ne pas gâcher le moment présent ou de redouter le futur.

Pour relever les défis qui s'annoncent devant vous, vous devez vous concentrer sur vos forces. Le monde change. Il change très vite.
Vous aussi, vous pouvez et vous devez changer.

Ça commence par mieux vous connaître.

Bienvenue sur le chemin du mieux-être en 10 étapes.

A l'issue de ces 10 étapes, vous verrez le merveilleux en vous.
Je vous souhaite la bienvenue sur le chemin du réenchantement.

« N'oubliez jamais que vous avez en vous tous les rêves du monde » *(Fernando Pessoa)*

Qui suis-je ?

Je suis professeure d'anglais depuis plusieurs décennies. Au fil de ces années dans le monde de l'éducation au contact d'adolescents, j'ai peaufiné mon leadership et ma connaissance de la psychologie.

Je me suis également formée dans ces différents domaines ces dernières années.

Depuis 2018, j'ai relevé un défi de taille pour moi : tenir un blog sur l'écriture : **LA PLUME DE LAURENCE**, **www.laurence.smits.com.**

Après avoir relevé ce défi, j'ai mis en place un atelier d'écriture en distanciel sur mon blog en 2019.

En 2020, j'ai écrit un livre pour aider toutes celles et ceux qui souhaitent écrire mais qui n'osent pas pour différentes raisons : *299 CONSEILS POUR MIEUX ECRIRE*.

Pourquoi cet e-book pour mieux se connaître ?

Nous sommes toutes et tous dans un mouvement où nous voulons changer, évoluer. Cela peut prendre des formes différentes : dans notre vie personnelle, professionnelle, sur le plan physique ou mental.

Ma pratique du yoga et de la méditation depuis 25 ans m'ont amenée à réfléchir sur l'être humain dans sa globalité et à une conclusion évidente : pour évoluer, nous devons mieux nous connaitre.

Vous pouvez y parvenir en lisant des tonnes de livres de psychologie.
Vous pouvez aussi mettre en pratique les 10 exercices que je vous propose dans cet e-book, pour développer votre singularité et comprendre pourquoi vous en êtes là aujourd'hui dans votre vie.

Si l'envie de poursuivre l'expérience de mieux vous connaître vous conduit vers des réflexions plus profondes, je serai heureuse de vous aider à travers mes séances de coaching personnalisé.

Etape 1 : mon blason

Le blason est un ancien emblème d'une famille noble ou d'un chevalier au Moyen-Age. C'est une description identifiant son porteur, comme une bannière.
Le blason est un signe de reconnaissance d'un individu.

Comme vous êtes unique, vous allez créer votre propre blason en suivant les différentes étapes.
Comme tous les exercices que je vous propose, prenez votre temps.
La vie n'est pas un chronomètre pour chaque action.
Prenez le temps de la réflexion et de peaufiner votre blason.

Votre matériel :
- *Une feuille Canson A4.*
- *Des crayons de couleur ou des feutres.*
- *Un crayon à papier.*
- *Un stylo.*

- **<u>1ere étape : Reproduisez le modèle du blason ci-dessus.</u>**

Divisez-le en 4 parties égales avec un emplacement pour écrire votre devise.

Insérez 50% de mots et 50% de dessins. *(Il est très important de laisser parler votre créativité).*

Votre devise (ou phrase inspirante)	
Ma profession actuelle Ma ville	**3 de mes qualités**
Ce que je veux être. Ou ce que je veux devenir. Ou un autre métier que je veux exercer. Ou la vie que je veux avoir.	**Mon super pouvoir (Ce qui me qualifie le plus)**

Voici mon blason (réalisé en août 2020) :

Ecrire pour aller mieux	
Professeure d'anglais Jonzac	**-bienveillante** **-à l'écoute** **-aider les autres**
- **Ecrire des romans et des livres** - **Être écrivain public** - **Être coach d'accompagne ment**	- **Aider** - **Imaginer** - **Curiosité**

- **2eme étape : expliquez en 3 lignes maximum ce que vous avez ressenti en réalisant votre blason**

- **3eme étape : que vous inspire votre blason en l'observant ?**

Ecrivez vos impressions sans réfléchir et surtout sans jugement !

Conclusion de l'exercice :

Apprenez à vous connaître pour comprendre qui vous êtes vraiment.
Chacun possède son libre-arbitre pour progresser…ou stagner.
Ne laisser plus les autres vous gâcher votre vie !
Décidez de commencer à la vivre maintenant !

Etape 2 : ce que j'aime/ce que je n'aime pas

Depuis que nous sommes enfants, nous fonctionnons sur le schéma : *j'aime/ je n'aime pas.*

Pour tout. Pas seulement la nourriture, les couleurs ou les vêtements.

Nous passons toutes et tous beaucoup de temps à dire *« j'aime ceci, je n'aime pas cela ».*

La vie ne se résume pas à cette opposition binaire.

Poussons donc la réflexion.

- **1ere étape : posez-vous un instant et remplissez les grilles suivantes en toute honnêteté avec vous-même et en prenant votre temps.**

Ce que j'ai aimé dans ma vie jusqu'à aujourd'hui	Pourquoi ?
1) 2) 3) 4)	

5)	
Ce que je n'ai pas aimé dans ma vie 1) 2) 3) 4) 5)	**Pourquoi ?**

- **2eme étape : sélectionnez un des items dans chaque rubrique qui a exercé une influence dans votre vie et expliquez les raisons en 5 lignes maximum.**

Conclusion de l'exercice :

Le jugement et le ressassement sont des éléments toxiques pour votre vie.
Vous ne pouvez pas passer votre vie à détester votre passé.
Vous avez forcément accompli de belles choses dans votre vie : sachez les reconnaître et tirer des leçons des épisodes moins fastes.

Etape 3 : ce que j'ai déjà réalisé

Sans vous l'avouer vraiment, vous avez déjà accompli des choses remarquables dans votre vie.
Vous avez forcément connu des succès. Ce sont eux qui vous font avancer.

Nous avons toutes et tous trop tendance à focaliser sur les aspects négatifs de notre vie.
Un peu comme toutes ces informations négatives et toxiques dont on nous abreuve dans les journaux télévisés.
La méconnaissance de vos forces est préjudiciable.

Vous détenez le pouvoir de tirer le positif dans chaque action de votre vie.
C'est une force indéniable pour avancer au jour le jour.
C'est bon pour notre mental, et par ricochet, pour notre physique.

- **1ere étape : listez 10 verbes d'action pour qualifier ce que vous avez déjà réalisé dans votre vie, pour qualifier 10 succès :** *(élever ses enfants, cuisiner, randonner, apprendre une langue étrangère, vivre dans la région de vos rêves, etc. sont des succès)*

1)
2)
3)
4)
5)
6)
7)
8)
9)
10)

- **2eme étape : choisissez un verbe qui vous marque plus que les autres. Expliquez pourquoi en 3 lignes.**

Vous pouvez parfaitement poursuivre cet exercice et lister 50 de vos succès.

Cela parait difficile à réaliser au départ. Si vous laissez votre esprit se relâcher, vous allez constater combien de choses magnifiques vous avez déjà réalisées.

Et ce n'est pas fini !

Conclusion de cet exercice :

Nous avons toutes et tous la capacité en nous de miser sur nos forces, nos talents et nos compétences.
Il est grand temps de concrétiser vos rêves.
En comptabilisant vos succès, vous renforcerez votre estime de vous-même.
Oubliez vos faiblesses et exploitez à la place vos points forts !

Etape 4 : je définis mon caractère et ma personnalité

Qui suis-je ? Telle est la question que nous nous posons.
Il est difficile de se définir réellement. Les autres le font mieux pour nous !
Nous passons notre vie à apprendre à nous connaître !

Globalement, nous nous jugeons toujours trop sévèrement.
Cela conduit à un sentiment fâcheux de malheur.
Notre vision de nous-mêmes joue un rôle fondamental dans notre capacité à nous aimer et à nous réaliser.

- **1ere étape : choisissez parmi les 2 adjectifs contraires celui qui vous convient le mieux et cochez la case correspondante.** *(Choisissez le trait de caractère qui vous correspond aujourd'hui).*

Expansif (tourné vers les autres)	Introverti (plus renfermé)
Consciencieux	Étourdi
Idéaliste	Réaliste
Rebelle	Docile
Dynamique	Nonchalant, cool
Original	Conformiste
Enthousiaste	Indifférent
Serviable	Personnel
Curieux	Blasé
Impulsif	Réfléchi
Méthodique	Brouillon
Persévérant	Vite découragé
Tolérant	Intolérant
Autoritaire	Soumis
Energique	Passif
Attentif	Rêveur
Attiré par les responsabilités	Pas attiré par les responsabilités
Audacieux	Timide
Calme	Remuant
Coléreux	Placide
Sociable	Solitaire
Travailleur	Plutôt paresseux
Rapide	Lent
Ambitieux	Modeste
Sûr de moi	Pas sûr de moi
Confiant dans les autres	Méfiant dans les autres
Patient	Impatient
Casse-cou	Prudent

En fonction de vos choix, ne vous jugez pas. Aucun des qualificatifs n'est préférable à un autre.

Tous les traits de caractère sont intéressants. L'important est de cerner les vôtres et de les formuler par écrit.

Même si certains trais de caractère peuvent s'apparenter à des défauts, il est toujours possible de vous améliorer et de changer !

- **Je définis ma personnalité en 4 questions**

Le **MBTI (Myers Briggs type indicator)** est le test psychologique le plus utilisé au monde. Il vous permet de vous situer parmi 16 personnalités et peut vous aider à vous orienter ou à vous améliorer vos relations aux autres.

L'américaine **Isabelle Briggs-Myers** a mis au point ce test à partir des travaux du célèbre psychiatre **Carl Gustav Jung**.

Ce test est à la fois très sérieux et très simple. Il suffit de repérer ce qui est pour vous le plus spontané au cours de 4 "*processus mentaux*" suivants :

1. **Où puisez-vous votre énergie** : dans votre univers intérieur

(introversion "I"), ou à partir de l'environnement extérieur (extraversion "E") ?

2. **Comment recueillez-vous l'information** : par vos 5 sens (la sensation "S"), ou en vous confiant à votre "6ème sens" (l'intuition "N") ?

3. **Qu'est-ce qui entraîne votre décision** : le raisonnement logique (la pensée/ *think* ou "T"), ou vos valeurs (sentiment/ *feel* ou "F") ?

4. **De quelle manière vous lancez-vous dans l'action** : en échafaudant des plans (jugement "J"), ou en vous adaptant aux circonstances (perception "P") ?

Vos réponses se résument en 4 lettres qui, mises bout à bout, constituent votre **MBTI:**

- INFP

- ESTJ

- INTJ, etc.

Il y a 16 résultats possibles et chacun correspond à un type de personnalité.

Voici la correspondance des profils :

INTP : le chercheur

INTJ : l'organisateur

ENTJ : l'entrepreneur

ENTP : l'inventeur

INFP : l'idéaliste

ENFP : le psychologue

INFJ : le conseiller

ENFJ : l'animateur

ISTP : l'artisan

ISTJ : l'administrateur

ESTP : le promoteur

ESTJ : le manager

ISFP : l'artiste

ISFJ : le protecteur

ESFP : l'acteur

ESFJ : le bon vivant

Les résultats du test peuvent, en partie, vous aider à trouver votre voie. Votre type MBTI vous aider à cerner plusieurs traits importants de votre caractère.

Il est évident que le test MBTI ne peut suffire pour choisir votre voie professionnelle, par exemple. Mais, ce test peut vous aider à améliorer vos relations avec les autres et à équilibrer votre personnalité. C'est un outil de développement personnel.

Conclusion de cet exercice :

Il est bon de se poser sur soi pour comprendre qui on est.

En comprenant qui on est au fond de nous, nous pouvons alors choisir nos options de vie.

Trouver la bonne façon de définir notre personnalité est un défi qui nous aidera à mieux comprendre les autres.

En agissant ainsi, nous pouvons découvrir comment tirer le meilleur parti de nous-mêmes et comment mûrir davantage.

Etape 5 : je définis mes aptitudes

Vos aptitudes, ce sont vos dons, vos talents et vos capacités.

Il existe de nombreuses formes d'intelligence et chacun d'entre nous en a plusieurs. Mais, chacun n'en développe que 3 ou 4, en général. L'école, 2 seulement ! Pendant longtemps, on a considéré l'intelligence comme une capacité mentale unique, un peu comme un ordinateur central qui piloterait toutes nos actions.
Or, en réalité, tout se passe comme si nous n'avions pas un, mais plusieurs ordinateurs internes qui interviennent successivement dans diverses situations de notre vie.

Le psychologue américain, **Howard Gardner,** a identifié ces "*intelligences multiples*" en **1983**. Toute personne a donc 8 formes d'intelligence à sa disposition. Mais, tout un chacun a tendance à n'en développer que 3 ou 4.

Voici la liste :

- *L'intelligence verbale-linguistique*

- *L'intelligence logico-mathématique*

- *L'intelligence corporelle-kinesthésique*

- *L'intelligence spatiale*

- *L'intelligence musicale*

- *L'intelligence des autres ou interpersonnelle*

- *L'intelligence de la conscience de soi ou intrapersonnelle*

- *L'intelligence naturaliste*

- **<u>1ere étape : rédigez une phrase en complétant les 10 propositions suivantes :</u>**

Il suffit de déterminer, par écrit, les points suivants, sans pour autant vous baser en fonction de vos résultats scolaires passés. Lâchez votre mental :

1) Je suis bon en…

2) J'ai du mal à …

3) J'aime faire…

4) J'éprouve des difficultés dans …

5) Je sais faire….

6) J'aime apprendre

7) J'aime apprendre (encore)…

8) Je rêve de …

9) Je me rappelle …

10) Je veux faire, voyager…

Vous pouvez continuer cet exercice en définissant vos propres critères.

- **2eme étape : cibler la proposition à laquelle vous avez eu du mal à répondre. Tentez de comprendre pourquoi.**
  A l'inverse, ciblez celle sur laquelle vous auriez pu écrire de nombreuses choses. Tentez de comprendre pourquoi.

Conclusion de cet exercice :

Vous pouvez noter chaque jour ou chaque semaine 3 grands ou petits succès dans un carnet.
Cela vous habituera à voir la vie du côté positif.
Vous constaterez, au fil des jours, que vous trouverez vos 3 succès de plus en plus vite.
Vous formaterez votre cerveau en mode positif.

Etape 6 : je définis mes valeurs et mes motivations

Une fois vos traits de caractère définis avec plus de clarté et vos aptitudes plus clairement établies, vous pouvez passer à l'étape sur les motivations profondes qui vous animent dans la vie.

Le professeur américain de psychologie sociale, **Edgar Schein**, a identifié 8 grandes motivations qu'il a appelées des *"ancres de carrière".*

Les ressorts de motivations sont différents d'une personne à l'autre. Tout le monde n'est pas motivé de la même façon par le sport, la création artistique, le service des autres ou l'organisation…

Je vous conseille vivement de vous poser, de prendre un temps de réflexion pour effectuer cet exercice.

- **<u>1ere étape : je définis mes valeurs et mes motivations</u>**

Répondez aux 8 questions suivantes en étant le plus honnête possible avec vous-même.

1) Qu'est-ce qui est le plus important dans la vie ?

2) Qu'est-ce qui vous motive dans la vie ?

3) Que recherchez-vous ?

4) Qu'attendez-vous de votre métier ? Ou de votre formation ? Ou de vos études?

5) Qu'attendez-vous de votre vie sociale ?

6) Avez-vous un rêve ? Si oui, lequel ?

7) Avez-vous des buts dans la vie ?

8) Quel est votre centre d'intérêt principal?

- **2eme étape : cernez votre principale motivation (ou vos 2 principales). Ces motivations choisies font-elles partie de votre vie en ce moment ? Sont-elles des buts à atteindre ou des chimères ?**

Conclusion de cet exercice :

Aucune motivation n'est meilleure ou supérieure aux autres.
Si votre motivation principale ne fait pas partie de votre vie actuelle, il y a de quoi vous poser des questions !
Il est temps de faire la clarté en vous.

Etape 7 : j'affine ma personnalité

Vous pouvez éprouver des difficultés à savoir qui vous êtes.
C'est normal. L'exercice n'est pas aisé.

Dans ce cas, tenir un journal pourrait sans doute vous aider. Vous pourriez consigner ce que vous ressentez au quotidien, juste pendant 15 minutes par jour. Peu à peu, vous prendrez mieux conscience de vous-même.
Des études ont montré que les gens qui tiennent un journal se sentent physiquement et mentalement en meilleure santé.

Il est aussi important de dresser des listes pour vous aider à mieux comprendre qui vous êtes.

- **1ere étape : établissez des listes en suivant les consignes suivantes :**

1) **Ce que j'aime et n'aime pas** : pliez une feuille de papier en deux. En haut de la première moitié, écrivez « j'aime » et en haut de la deuxième moitié « je n'aime pas ». Cela pourrait devenir un projet plutôt volumineux, c'est

pourquoi vous devriez vous limiter à une seule catégorie par liste, par exemple les films, les livres, les plats, les jeux, les gens, etc.

2) **Ce que je ferais si j'étais milliardaire** : vous pourriez même le présenter sous forme de croquis ou de dessin. Dressez simplement une liste des choses que vous achèteriez ou des choses que vous feriez si l'argent n'était pas un problème.

3) **Les choses qui me font peur** : quelles sont vos peurs les plus profondes ? Les araignées, la mort, la solitude ? Notez-les.

4) **Les choses qui me rendent heureux :** dressez une liste des choses qui vous rendent le plus heureux. Vous pouvez même décrire des situations précises dans lesquelles vous vous êtes senti heureux ou dans lesquelles vous vous sentiriez heureux.

- **2eme étape : prenez du temps pour réfléchir aux raisons qui vous amènent à aimer et à ne pas aimer certaines choses, ou pourquoi certaines vous**

font peur, alors que d'autres vous rendent heureux.

En vous forçant à répondre POURQUOI, vous arriverez à mieux vous comprendre et à mieux cerner votre personnalité !
Prenez une feuille de papier que vous divisez en 2 : d'un côté, vous écrivez vos centres d'intérêt et de l'autre côté, vous décrivez votre personnalité.
Vous vous rendrez compte alors si les deux sont en phase ou pas.
Si ce n'est pas le cas, il va falloir vous poser les bonnes questions pour remédier à cela ou faire appel à mes services de coach d'accompagnement !

- **3eme étape : affinez votre personnalité**

Répondez aux questions suivantes en toute honnêteté avec vous-même. Prenez le temps de répondre.

- Qui serez-vous dans 5 ans ?
- Quels sont vos obstacles pour avancer dans la vie ?
- Qu'est-ce qui vous fait peur ?

31

- Etes-vous heureux dans votre travail ?
- Êtes-vous satisfait de votre vie en général ?
- Quel est votre état d'esprit en ce moment ?
- Avez-vous envie de changer de vie ?
- Qu'est-ce qui fait du sens pour vous ?
- Pourquoi vous faites ce que vous faites?
- Avez-vous confiance en vous ?
- Avez-vous le sentiment de progresser ?
- Êtes-vous heureux dans votre vie ?
- Que faudrait-il que vous fassiez pour vous sentir mieux ? Au travail ? Dans votre vie ?
- Vous sentez-vous capable d'évoluer ? De changer votre personnalité ? De travail ?
- Inspirez-vous les autres ?
- Vous sentez-vous capable de rebondir ?
- Vous plaignez-vous ? Pourquoi ?
- Avez-vous des idées ou des stratégies pour aller mieux ? Pour changer de vie ? Pour changer de travail ?
- Quelle serait votre première action ?
- Vous sentez-vous capable de vous engager dans une formation ? Dans un programme de coaching ?
- Quel sens donnez-vous au mot 'réussite' ?
- Quels talents vous reconnaissez-vous ?

- Quels sont vos obstacles dans le domaine que vous voulez améliorer ?
- Quelle est votre vision de l'idéal de vie?
- Comment pourriez-vous surmonter vos peurs ?
- Vous sentez-vous libre de vos choix ?
- Vous sentez-vous libre tout court ?
- Reconnaissez-vous vos erreurs ?
- Est-ce que certains de vos comportements vous nuisent ou nuisent aux autres ?
- Êtes-vous trop exigeant envers vous-même ? Envers les autres ?
- Est-ce que vous vous préoccupez de ce que les autres pensent de vous au point de vous sentir gêné ?
- Est-ce que vos attitudes suscitent des réactions désagréables de la part des autres ?
- Est-ce que vous faites tourner les événements autour de votre personne?
- Est-ce que vos réactions sont disproportionnées par rapport aux événements ?
- Est-ce que vous supportez la solitude ?
- Est-ce que vous supportez de ne pas obtenir tout ce que vous voulez ?
- Est-ce vous admettez que les gens adoptent des valeurs ou des croyances différentes de vous et voient les choses d'une autre manière que vous ?

- Est-ce que des réactions inappropriées à des situations difficiles sont devenues des habitudes chez vous ?
- Est-ce que vous avez tendance à vous affirmer contre les autres ?
- Est-ce que vos idéaux et ce que vous croyez devoir faire sont en correspondance bien ensemble ?

Conclusion de cet exercice :

Il ne s'agit là que d'un échantillon limité de toutes les questions que vous pouvez vous poser.
Chaque nouvelle interrogation vous aidera à recadrer les croyances qui vous bloquent ou assombrissent votre vie.
Ces questions, ou ce recadrage, par écrit, vous aideront à prendre conscience des avantages et des inconvénients de vos pensées et de vos attitudes. Il vous permettra aussi de savoir quelles pensées et quels comportements encourager ou éviter.

Etape 8 : mon arbre de vie

Chaque individu possède en lui des ressources inestimables, notamment la ressource de développer des projets qui le rendront plus fort.

Construire votre arbre de vie vous permettra de découvrir de nouveaux territoires de votre identité, de vous poser des questions, de faire le point une fois dans votre vie, de vous donner les moyens de réussir et pourquoi pas de changer votre destinée.
Vous pourrez ainsi réécrire l'histoire de votre vie pour vous sentir inspiré, pour imaginer de nouveaux possibles.
La métaphore de l'arbre vous permettra de faire émerger vos compétences et vos ressources.

Je vous propose 3 arbres de vie à remplir, en prenant votre temps au calme. Reproduisez-les et écrivez à chaque emplacement produit.

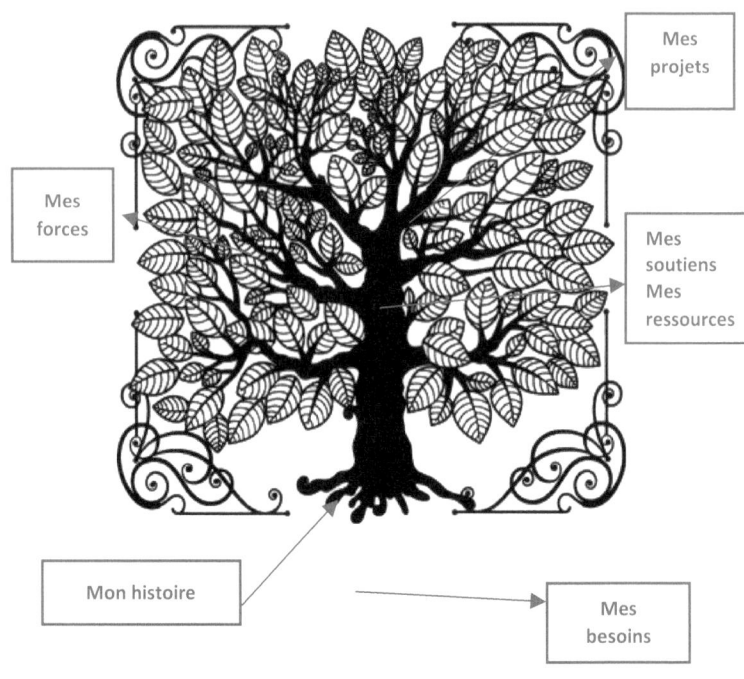

Mes projets

Mes forces

Mes soutiens
Mes ressources

Mon histoire

Mes besoins

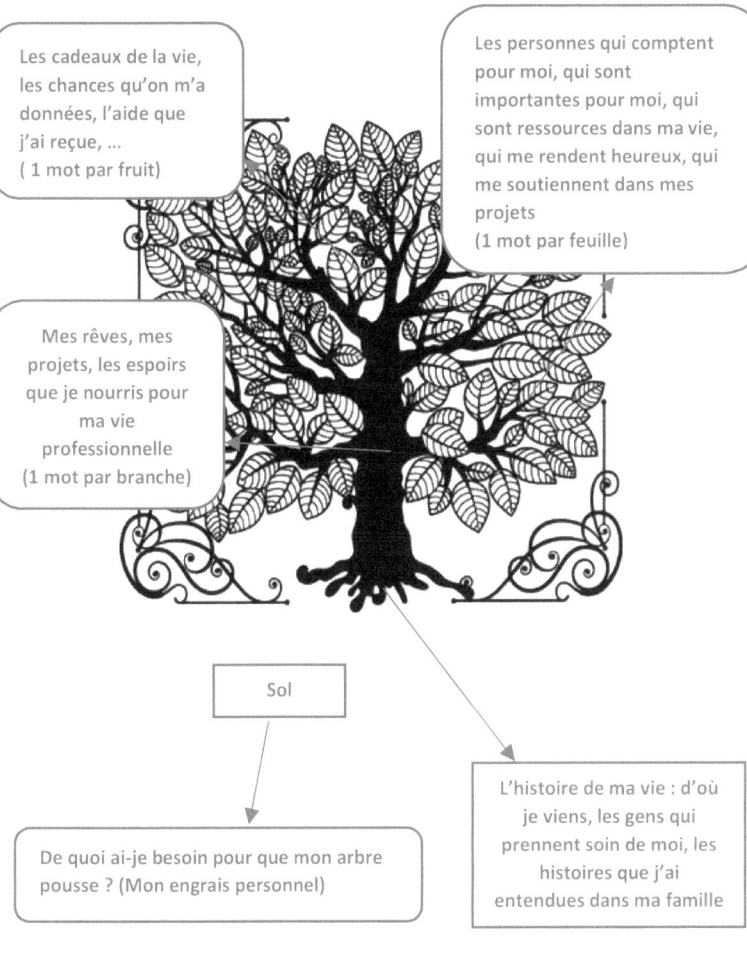

Les cadeaux de la vie, les chances qu'on m'a données, l'aide que j'ai reçue, ...
(1 mot par fruit)

Les personnes qui comptent pour moi, qui sont importantes pour moi, qui sont ressources dans ma vie, qui me rendent heureux, qui me soutiennent dans mes projets
(1 mot par feuille)

Mes rêves, mes projets, les espoirs que je nourris pour ma vie professionnelle
(1 mot par branche)

Sol

De quoi ai-je besoin pour que mon arbre pousse ? (Mon engrais personnel)

L'histoire de ma vie : d'où je viens, les gens qui prennent soin de moi, les histoires que j'ai entendues dans ma famille

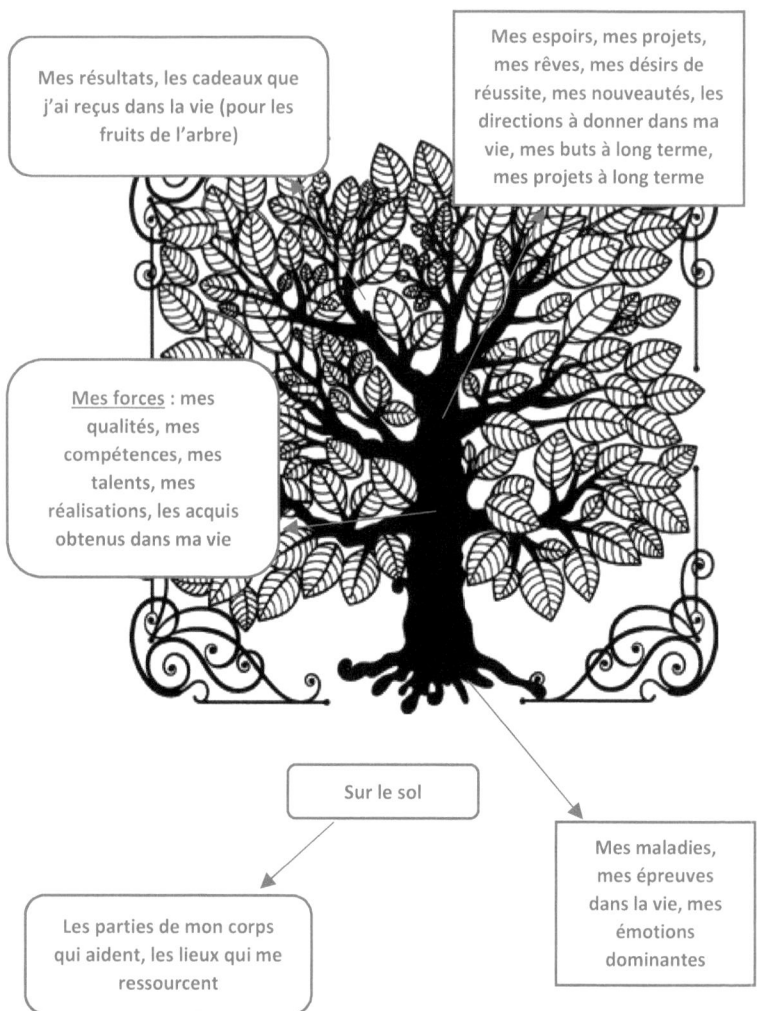

Mes résultats, les cadeaux que j'ai reçus dans la vie (pour les fruits de l'arbre)

Mes espoirs, mes projets, mes rêves, mes désirs de réussite, mes nouveautés, les directions à donner dans ma vie, mes buts à long terme, mes projets à long terme

Mes forces : mes qualités, mes compétences, mes talents, mes réalisations, les acquis obtenus dans ma vie

Sur le sol

Les parties de mon corps qui aident, les lieux qui me ressourcent

Mes maladies, mes épreuves dans la vie, mes émotions dominantes

Conclusion de cet exercice :

Remplir son arbre de vie permet de redonner du sens à sa vie, à son travail, de redéfinir des valeurs un peu enfouies sous le train-train de la vie quotidienne.
L'arbre de vie permet de mieux communiquer dans sa vie personnelle et professionnelle.
L'arbre de vie représente un symbole puissant lié à la nature, à la sagesse, à la création, à la renaissance, au développement personnel, à la force, à la beauté et à la famille.

Etape 9 : je découvre ma mission de vie

Nous avons toutes et tous une mission de vie.
Mais, nous ne le savons pas et nous n'en avons pas conscience.
Votre mission de vie est la raison pour laquelle vous êtes sur Terre.

Nous avons des qualités, des talents, des points forts, des succès.
Le problème, c'est que nous avons tendance à trop passer à l'action, sans nous poser et prendre le temps de réfléchir.

Sous l'influence des autres, de la famille ou de la société, voire des réseaux sociaux, les gens abandonnent leurs rêves, leurs envies et se contentent du train-train quotidien qui les étouffe. Ils en oublient leur personnalité et se contentent de rester formatés.

Changer quelque chose dans sa vie prend du temps. Rien ne se fait du jour au lendemain. Des obstacles seront parsemés sur notre route. La vie n'est pas un long fleuve tranquille, nous le savons toutes et tous.
Les gens, pour la plupart, craignent d'entreprendre, d'accéder à leur rêve ou à leur

projet à cause du regard des autres et de leur propre regard !

- **1ere étape : notez vos 10 principaux talents selon vous** *(un talent, c'est un domaine dans lequel vous excellez et qui vous procure du bonheur).*

1)
2)
3)
4)
5)
6)
7)
8)
9)
10)

- **2eme étape : demandez à vos proches (famille, collègues de travail) le talent qui vous définit le plus.**

Ecrire votre talent le plus ultime, c'est déjà le faire vivre, lui donner un bout de réalité

- **3eme étape : trouvez le dénominateur commun entre tous les talents relevés.**

Ce talent qui vous définit est votre mission de vie. Cela peut être aider les autres, travailler dans la nature, être au contact des enfants, secourir, se sentir utile, protéger l'environnement, créer des prototypes, cuisiner,
etc.

<u>Notez votre mission de vie</u>

MA MISSION DE VIE est

Conclusion de cet exercice :
En trouvant votre mission de vie, vous vous sentirez plus heureux. Votre bonheur vous irradiera mais inondera aussi votre entourage. Vous libérerez des énergies enfouies en vous. Oubliez le regard des autres.
Gardez l'esprit ouvert à toutes les possibilités pour passer à l'action. Vous êtes le seul responsable de votre vie et de votre bonheur !

Etape 10 : je mets des mots sur mes freins et mes peurs

Pour changer de vie et réaliser vos rêves, vous ne pouvez plus laisser vos peurs guider votre vie.

Pour avancer sur le chemin qui est le vôtre, il faut savoir affronter vos peurs et dépasser vos croyances limitantes.

Cela commence par sortir, pas à pas, de votre zone de confort, dans lequel vous êtes bien installé.

Nous avons toutes et tous des peurs bien enfouies en nous et qui ressurgissent dès que nous voulons passer à l'action. Ce sont nos pires ennemis.

Derrière vos doutes et vos indécisions, se cachent vos peurs. Elles prennent de plus en plus d'ampleur au fil des années et poussent comme des mauvaises herbes. Nous pensons, à tort, qu'elles nous protègent.

Ces peurs qui nous bloquent sont insidieuses : elles sont tapies dans notre quotidien et nous ne les voyons plus. Elles sont difficiles à traquer car elles élisent domicile dans notre inconscient.

Ces peurs nous font hésiter, tergiverser et procrastiner : en un mot, nous ne changeons rien !

Nous avons tort de ne pas nous poser de questions sur l'impact de nos peurs sur nos vies. Leur pouvoir est phénoménal et insidieux.

- **1ere étape : notez 5 croyances limitantes qui vous empêchent d'avancer dans la vie**

*
*
*
*
*

- **2eme étape : notez 5 croyances limitantes à propos de vous**

*
*
*
*
*

- **3eme étape : maintenant, réécrivez ces 10 croyances limitantes en les transformant en phrases positives.**

Exemple : je ne sais pas gérer l'argent, je ne peux pas économiser = je suis capable de gérer l'argent, je peux économiser une petite somme tous les mois.

Croyances limitantes	Croyances positives

Après cet exercice de transformation, vous devez mettre en application vos nouvelles croyances pour les renforcer.

Vous sous-estimez le pouvoir des mots et des paroles.

Quand vous avez réussi, pas à pas, à abandonner une de vos croyances limitantes, faites une célébration. C'est très important de célébrer chaque avancée. Rappelez-vous que pour changer de vie, il n'est nul besoin de tout changer.

La première clé du changement, c'est vous-même. Vous êtes face à votre mental que vous devez impérativement reconditionner pour voir la vie autrement.

Cela va vous demander des efforts. De gros efforts. Certes.

Vous avez les solutions en vous.

Vous êtes courageuse et courageux : vous parviendrez au but que vous vous êtes fixé.

Vos freins, vos croyances limitantes et vos peurs sont des boulets. Tout cela vous pourrit la vie.

Il ne vous reste plus qu'à regarder bien en face tous vos freins. Il convient de les nommer pour les vaincre. Aucun obstacle n'est infranchissable.

- **4eme étape : lister 5 choses que vous ne pouvez pas faire à cause de vos peurs et identifiez la peur qui se cache derrière**

Choses que je ne peux pas faire	Peurs

Quelles peurs avons-nous ?

La peur d'échouer, de réussir, de la maladie, de se retrouver seul, de la mort, de la pauvreté, du rejet, de changer de travail, de la critique, de perdre l'amour, du regard des autres, de vieillir, de rater sa vie, …

Comment surmonter ses peurs ?

Vous pouvez faire appel à un coach.
L'autre solution consiste à vous lancer des défis réalisables en un temps limité. Relever un défi après l'autre brise les peurs. Vous prendrez confiance en vous et développerez l'estime de vous.
C'est à ce moment-là que le changement pourra intervenir dans votre vie.
Ayez à l'esprit que toutes les peurs peuvent être surmontées. En surmontant une de vos peurs une seule fois, vous pouvez la faire disparaître.

N'empirez pas la situation dans laquelle vous vous trouvez.
Il y a fort à parier que votre vie n'est pas aussi terrible que vous le pensez.
Rappelez-vous de toutes vos victoires. Aucune n'est petite !

Faites la paix avec vous-même. Calmez votre mental.

Faits de vos peurs des alliées.

Avancez à leurs côtés. Elles ne vous feront aucun mal. Toute évolution, tout changement s'accompagnent de peurs.

On se construit soi-même ses propres prisons mentales !

Nous avons la chance d'être en vie dans des pays où tout est possible.

Conclusion de cet exercice :

Cette partie sur les peurs peut remuer.

Cela peut être dérangeant. C'est normal.

Changer une seule de vos habitudes demande au minimum 21 jours.

Les peurs ont la capacité de nous paralyser.

C'est un vrai défi que de s'en débarrasser.

Le plus grand des défis est de rester honnête avec vous-même, d'affronter la vérité en face, sans vous juger en permanence.

Pour changer de vie, il faut cesser de fuir ou de se réfugier dans son train-train quotidien, où rien ne change.

Vous ne prendrez aucune bonne décision en vous réfugiant derrière vos peurs.

Prendre conscience de ses peurs est déjà un grand pas que vous venez de franchir !

Bravo à vous pour avoir ce courage !

Etape supplémentaire : écrire une lettre à soi-même

Si vous le souhaitez, vous allez vous écrire une lettre que vous ne montrerez à personne.

Vous allez écrire une lettre que vous vous adressez pour pardonner à votre passé, pour pardonner vos erreurs, vos errements dans la vie, pour pardonner à l'enfant que vous étiez.

Dans cet exercice, certaines émotions peuvent remonter à la surface.
Vous allez apprendre à ressentir, prendre du recul, poser des mots, clarifier votre pensée, porter un autre regard sur vous.
Même si les émotions vous submergent quand vous écrirez, continuez à écrire.
Il faut que les mots sortent.
Il faut que vous laissiez les mots sortir de votre esprit et de votre corps.
Les mots illustrent le mal qui vous ronge et que vous devez évacuer pour aller vers un mieux-être.

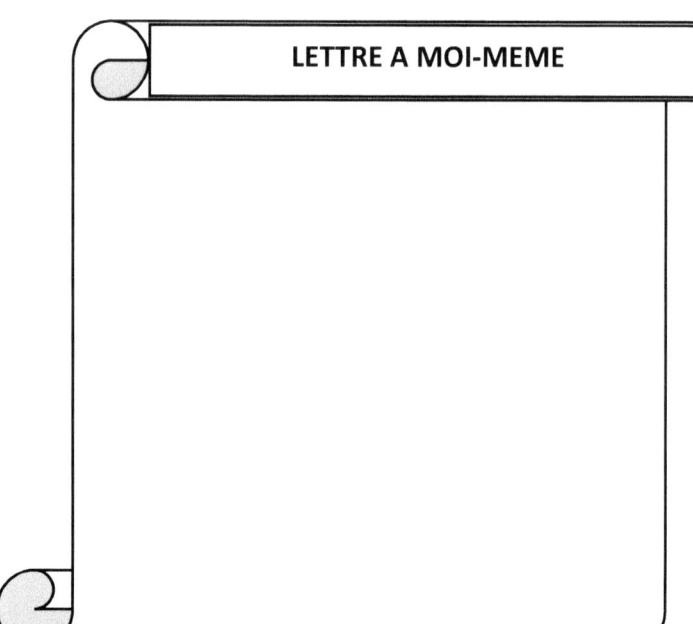

LETTRE A MOI-MEME

Le passé appartient au passé. Vous ne pourrez jamais le modifier.

Pensez-vous un seul instant que de vivre avec des regrets ou des remords vous fasse avancer dans la vie ?

Pardonnez aux gens qui vous ont fait du tort dans le passé, y compris vos parents.

Acceptez votre passé comme une expérience de vie, un apprentissage de la vie.

Croyez-moi, la vie est plus simple et plus légère quand on pardonne.

On s'allège d'un poids énorme qui nous écrasait !

Pardonner n'est pas du tout un signe de faiblesse. C'est plutôt un signe de grand courage et de grande intelligence.

En vous pardonnant, vous cesserez de vous culpabiliser.
Ne continuez pas à vivre comme la plupart des gens qui vivent dans le passé !
Vous aurez alors franchi une grande étape.

Nous avons en nous la capacité de modifier notre cerveau, à tout moment.
Nos expériences de vie laissent des traces durables dans notre cerveau.
Elles ont le même pouvoir de transformer notre structure neuronale.

Nous pouvons toutes et tous changer.
En pensant différemment et positivement.
En agissant.
En croyant en nous.
En croyant à la vie.

Conclusion

J'espère qu'à travers ces 10 étapes, vous serez parvenu à vous connaître un peu plus, ou du moins, à avoir amorcé un changement.
C'est tout ce que je vous souhaite, du plus profond de mon cœur.

Je vous propose 5 questions, pour conclure, auxquelles vous prendrez le temps de répondre :

Prenez 20 minutes pour répondre à chaque question, au calme.
Répondez-y-en toute honnêteté.
Prenez le temps de réfléchir au sens profond de chaque question.

1. **Quelle chose rêvez-vous de faire par-dessus tout ?**
- Pourquoi ne pas l'avoir déjà réalisée ?

2. **Pourquoi avez-vous peur de faire des erreurs ?**
- Ne pensez-vous pas que nous apprenons en faisant des erreurs ?

3.   **Est-ce que vos plus grandes peurs se sont déjà réalisées ?**
-   Sont-elles vraiment vos peurs ou celles de votre entourage ou de la société ?

4.   **Pourriez-vous être votre ami ?**
-   Pour quelles raisons, quelle que soit la réponse ?

5.   **Qui serez-vous dans 5 ans ?**
-   Vous sentez-vous capable de vous projeter dans l'avenir ?

Le plus important dans la vie de chacune et de chacun, n'est-il pas d'avoir une vie épanouie et accomplie ?
Acceptez la réalité, votre réalité du moment.
Gardez confiance en vous, vous pouvez faire évoluer chaque pan de votre vie.
Cherchez la force à l'intérieur de vous-même.

Le changement commencera par vous.
Prenez le temps d'approfondir votre personnalité, par tous les moyens possibles.
Prenez soin de votre mental.
Travaillez votre énergie par la pratique qui vous convient.
Gardez l'esprit ouvert et curieux.

Enrichissez-vous en permanence.

N'attendez pas d'être prêt pour **OSER CHANGER**. On ne l'est jamais tout à fait !

Je vous souhaite tout le meilleur possible dans votre vie à venir !

LAURENCE SMITS

Mes services de coaching d'accompagnement

Mes services de coaching d'accompagnement

- Vous avez la volonté profonde d'évoluer dans votre vie et vous souhaitez désormais vivre votre vie à fond ?
- Vous vous sentez bloqué dans votre vie ?
- Vous manquez de confiance en vous ?
- Vous voulez avancer dans votre vie ?
- Vous voulez ENFIN accéder à vos rêves ?
- Vous voulez ENFIN concrétiser vos projets que vous avez en vous depuis bien trop longtemps ?
- Vous vous êtes toujours senti freiné par des croyances des pensées qui vous limitent ?
- Votre mental est devenu votre pire ennemi ?

Vous voulez vous recharger en énergie positive et oser concrétiser vos projets pour ENFIN accéder à la vie dont vous rêvez ?

La confiance en vous s'apprend et se renforce.

Reprendre confiance en vous, c'est aussi apprendre à vous connaître.

Je vous aide à trouver en vous les ressources et la créativité pour vous permettre de résoudre vos propres difficultés.

Remerciements

C'est important pour moi de prendre le temps de remercier des personnes qui me sont chères.

Merci à mon compagnon de route **François** pour son soutien infaillible.
Il m'a offert un bureau magnifique, lieu où je puise mon inspiration.

Merci à mon fils aîné **Thibault** pour sa précieuse aide dans le labyrinthe d'Internet et ses précieux conseils.

Merci à mon fils cadet **Robin** de toujours me soutenir moralement.

Merci au **programme Spark** que j'ai suivi en 2020-2021 et à son fondateur, **Franck Nicolas**, pour m'avoir autant éclairée et m'avoir transformée en profondeur.

Merci à mes **parents**, des supporters de la première heure.
Merci à ma mère **Lucette** de m'avoir fait aimer les livres.
Merci à mon père **Jacques** pour m'avoir montré le chemin de la ténacité.

Merci à toutes mes lectrices et à tous mes lecteurs qui me suivent fidèlement à travers mon blog, **LA PLUME DE LAURENCE**.
Ils me donnent la force de poursuivre mon travail d'écriture par leurs encouragements et leur fidélité.

Merci à vous chères lectrices et lecteurs de ce livre.
Vous m'apportez plus que vous ne le croyez en me faisant confiance.

Merci à toutes les personnes qui œuvrent dans l'ombre pour que les livres existent.

A toutes et tous, je vous souhaite le meilleur.

Table des matières